푸른 별에서의 하루

국립중앙도서관 출판예정도서목록(CIP)

푸른 별에서의 하루 : 김가연 시집 / 지은이: 김가연. -- 대전 : 지혜 : 애지, 2018
p. ; cm

충청남도, 충남문화재단의 후원으로 발간되었음
ISBN 979-11-5728-304-0 03810 : ₩9000

한국 현대시[韓國現代詩]

811.7-KDC6
895.715-DDC23 CIP2018033712

지혜사랑 193

푸른 별에서의 하루

김가연

지혜

시인의 말

당신이 놓은 길에서
별을 읽거나
바람을 베껴 쓰는 동안

가끔씩
눈부신 꿈을 꾸기도 했다.

그리고
아직도 나는 그 길에 있다.

2018년
김가연

차례

2부

3부

4부

• 일러두기

한 연이 첫 번째 행에서 시작될 때는 > 로 표시합니다.

1부

봄 나무가 여름 숲에게

너의 숲에 나를 그려 다오,라고 쓰려다
나의 한 잎이 되어 다오,라고 고쳐 쓴다

실핏줄 같은 잎맥이 그려진
느티나무 연한 잎을 함께 넣어 보낸다

흐려지는 맥박이
푸른 한 잎이 되게 해 달라고

흘러, 흘러넘쳐서
푸른 불길이 되게 해 달라고

아직 무른 말들을 네게 보낸다

안개의 계절

빈집은 안개의 아버지

바랜 문을 열고
가뭇한 손을 잡는다

길 잃지 말라고
페이지마다 안녕을 넣어 둔 당신

해마다 봄이면
복숭아꽃 만발한 풍경을
마당에 걸어 두기도 하고

어둔 밤길에
달빛 뿌려 놓기도 했으니

잃었던 길을
자꾸 잃어버리는 나는

절벽까지 가서
당신을 불러오기도 하고

우주의 종소리 같은
살구꽃을 문 밖에 그려 넣기도 하였다

벚꽃 연화煙花

꽃대궁 속 봄의 삼라森羅
햇살 따라 들어선 미궁
진달래 옷깃에 연분홍 브로치를 달까
상사화 푸른 목에 비단뱀 목도리를 두를까
도꼬마리 잎 같은
그의 손을 잡고 벼랑으로 달려가
구름이 될까
바람이 될까
아니 아니
푸른 맥박을 베고 누워
이대로 풍경이 될까
아, 청산靑山 같은 그의 눈썹이 된다면
나는 벚꽃처럼 하늘을 날아
수천 마디 바람이 되겠지
무량한 햇살이 되겠지
그러면 그이는
꽃처럼 하– 웃기도 하겠지

푸른 별에서의 하루

바다로 가는 길은 멀고 아득했네
바람 우두커니 서 있었네
저문 서해 바다 끝에서
나는 그만 길을 잃고 말았네
햇살마저 시드는 봄의 파장罷場
오직 한 사람의 눈맞춤을 위해
한생을 두고 피는 꽃이 있다기에
이생의 마지막 봄을 빌려 오네
그러나 그리움은 내 것만은 아니어서
너의 봄마저 아프게 했네
생애에 한 획을 그으며 떨어지는
저 분분한 꽃잎,
이제 꽃 진 봄을 견뎌야 하네
푸른 잠을 자는 누에처럼
아무래도 긴 꿈을 꾸어야겠네

비의 골목

비의
골목이 환하다

빗소리를 따라
꽃이 오고

골목을 향한
작은 창들이 빛났다

창문에 붙은
꽃잎을 닦아내느라
애인의 손길이 바쁘다

머리를 말리다 말고
손톱을 깎았다

똑똑 끊어지는
빗소리

짧아진 애인의 손톱에
으깬 꽃잎을 올려주었다

>

꽃의 맥박 소리 붉은
거기,
또 한 생이 환했다

5월

꽃씨 하나,
먼 은하로부터 메시지를 받았다
봄날이 서둘러 꽃대를 밀어올렸다
지상의 한가운데로 터져나오는
작약꽃 첫울음소리
오월 성단에 꽃이 피었다
붓꽃봉오리마다 별이 반짝이고
냉이꽃에도 찔레꽃에도 은하가 흐른다
발목 적시며 따라온 잣냉이꽃
낮은 무덤가에 그렁그렁 애기나리꽃무리
눈물마저 빛나는 봄이다

벚꽃 피다

혼자 앓다 깨어 보면 누군가
나를 다녀간 것 같기도 하고
내가 누군가를 다녀온 것 같기도 했습니다

눈길이 머물던 머리맡에선
오일장에 다녀온 아버지와
담장을 뛰어넘던 오빠가
바람의 상속권을 나누고

별들이 지나간 하늘에는
당신의 눈빛 같은 것이 보이기도 했습니다

문득 그 끝 어딘가에
내 다음 생의 이력이 있지 않을까 생각하다

벚꽃 같은 흰나비 떼가 날아오르는 것을
시린 눈으로 바라보기도 했던 것입니다

오독誤讀

제주 밤바다에서
서해 바다를 읽으며

잃어버린 문장을 찾느라
겨우내 앓았다

이별 없이
다시 만난 우리는

절벽 아래
돌단풍이 되고

바다 한가운데
섬이 되고

푸른 시간의
여백이 되었다

길이 어긋날 때마다
손을 잡아 주던

내 본적이요 주소 같은

당신의 문장이

손편지 글귀처럼
하얗게 빛나고 있었다

사과 꽃

이른 새벽
사과밭으로 향하는 웃음소리

사과 꽃 눈부셔
반짝이는 순간

떨리는 손끝에서
잘려 나가는

하얀 희망과
연홍빛 열망들

떨어져 나간 헛꽃들이
바닥으로 쏟아진다

미안이라는 말이
달려와 넘어진다

아픈 자리마다
햇살 다독이고

남은 날들이

지난 날들을
업고 가듯

사월의 꽃자리에
사과 꽃 눈부시다

오래된 기도

나는 밤마다 바다를 건넌다

눈발과 꽃잎 사이

불타는 초록의 언어가
슬픔의 목젖을 쓰다듬는다

뻣뻣해진 문장은
아무리 우려내도 질기기만 하고

자꾸만 길어지는 내 기도는
밤새 아침해를 그리고 있다

갱년기

둥지가 비었다

해마다 오던 제비가
올해는 오지 않았다

제비가 오지 않는
봄,

빈 둥지에 달을 들였다

매해 봄이 온다는 건
얼마나 온당한 일인가

빈집에 달이 산다는 건
또 얼마나 마땅한 일인가

이사

하여, 오늘도 저는 짐을 꾸리고 이사를 준비합니다
좁은 골목은 서로에게 어깨를 내어주고
골목을 향한 창들은 저마다 불빛을 비추고 있습니다
저는 지금, 저의 탄생지면서 제게서 가장 먼 은하이기도 한,
당신의 별을 궁금해하고 있습니다만
만약에, 만약에요
그리움과 이별의 종류를 모두 익히게 된다면
떡갈나무를 오르는 연둣빛 꿈을 만날 수 있을까요
당신의 별을 볼 수 있을까요
그나저나 말도 없이 떠난 별들은 어디로 호명되어 갔을까요
뜻밖에 당신의 길을 다녀온 뒤
어제는 울지도 않고 잘도 잤습니다
바람은 고요의 무게를 달고 있었고요
나무들도 잎마다 빗소리를 단 아침을 맞이했지요
봄이 아니라면 아무 일도 일어나지 않았을 테지만
아무튼 눈이 부신 날이었습니다
그래서 말인데요 저는 오후 내내 짐을 옮기고
아늑한 방에 신발을 들여놓았습니다

찔레꽃

깊고 아득한 밤, 만월을 업고 그녀가 왔다 봄밤의 가벼움을 틈탄 소문은 삽시간에 마을 곳곳으로 퍼졌다 소리 없이 큰길을 덮고 골목을 적시고 무수한 발자국 사이로 스며들었다 사람들은 그녀가 아주 먼 블루마린색의 별에서 왔을 거라고 말했다 별은 멀어서 빛나고 하얀 소문은 점점 무성하게 자라 마치 마술처럼 그녀의 목소리를 자르고 발목을 적시고 기어이 장밋빛 볼과 푸른 심장을 파고들었다 봄이 끝나갈 무렵 바람처럼 가벼워진 그녀가 허공으로 날아올랐다 잿빛 구름에 실려 아득히 멀어지던 그녀, 찔레꽃이 피고 있었다

어김없이

어김없이 살구꽃이 피었다

강물이 꽃잎을 밀고 간다

구름 둥실 따라 간

살구나뭇집 아이가

무작정 나를 끌고 간다

봄이다

2부

장미성운

저녁 담장에 산개성단이 떴다
수천 광년을 달려온 붉은 성단,

수백만 년의 기다림을 환하게 밝히는 별무리
수백 광년을 서로 비추는 별, 별

오늘밤은 작은 배 한 척으로 은하수를 횡단할 생각이네
바람 불면 흔들리고 폭풍우를 만나면 엎드려 울기도 하겠네
먼지의 몸은 바람에게 던져 주고
슬픔은 정중히 사양하겠네
하얗게 빛나는 갈비뼈 하나
오랜 기다림으로 다시 만나
수백만 년을 태우고도 남을 불꽃으로 오겠네

창窓에 대한 뜻밖의 생각

너를 생각한다
어쩔 줄 몰라하며 생각한다
눈물이 많은 저녁을 생각하고
뱀을 무서워하는 숲을 생각한다
다시 놀라며 생각한다
네 안부를 걱정하고
쓸쓸한 밤을 염려하고
잔기침 소리를 떠올린다
그러다 창窓은 언제나
서로를 비추고
작은 불빛에도
저마다 아름다울 수 있다고
생각한다

별을 읽다

염소가 지나간 하늘로
꽃이 들어간다

한나절
잔디밭에 앉아 놀다가

꽃처럼
당신은 잠들고

당신의 잠 속에
햇살이 들고

돌아와서도
여전히 환해서

발목이 희고
눈매가 여린
그 모습 떠올리면

속새 꽃 같은
별들이
한없이 밝았다

바람아래

바람이 지나고
길들은 일제히 바다로 이어집니다
작은 섬들이 옛이야기처럼 봉긋합니다

새들은 저녁 숲에 깃들고
하늘은 낮은 자세로 내려옵니다

바다를 건너온 바람이
모래사장에 가뿐 내려앉습니다

바람아래
발자국을 내려놓고
가는 파도 소리를 듣습니다

키 작은 갯메꽃과
물새 발자국이

슬몃 묵인하듯
돌아봅니다

순간, 서로를 환하게 비춰줍니다

언덕이 거기 있었다

언덕을 오르다 말고
골똘한 생각에 잠겼습니다

누군가를 오래 부르다 보면
어느 순간
대답이 들리는 것 같아
뒤를 돌아보게 됩니다

돌아보면
언덕이 언덕을 오르고 있습니다

엎드려 잠이 들고
엎드린 채
잠을 깰 때마다
부르던 이름이 거기 있었습니다

그날을 베껴 쓰다

잘 잤느냐는 말에
달게 잤다고 대답하고 다시 누울 때
점심도 거른 채 저녁때가 훨씬 지났을 때
언뜻 따듯한 달이 되고 싶을 때
멀어지던 길이 눈을 감으면 다시
내게로 올 때
어디에 둘지 몰라하는 손을 잡아줄 때
몇 번이고 너를 부르다가
말을 더듬고 목소리 흐려질 때
같이 밥을 먹고 사소한 이야기 나누고 싶을 때
집으로 가는 새들의 들뜬 소리가
더욱 또렷하게 들려오는 것이었습니다

호두나무

빗소리가
호두나무를 적신다

문을 열고
그 속으로 들어간다

온몸으로 퍼지는
비의 파문

빗소리는 명랑하고
초록은 찬란하다

명멸의 시간을 이어 온
둥근 초록의 은유

그 속에선
모든 것이
둥글다

서툰 잠

그날을 다시 읽는다
암호 같기도 하도 수수께끼 같기도 한,

머리를 감고 저녁을 먹고 산책을 하고…
그러나 그것은 신뢰할 수 없는 영역이다

길 위의 시간들,
기억의 길목마다 하얗게 피어나던 이름

비의 잠꼬대를 들으며
서툰 잠을 끌어다 그 이름을 덮어주었다

몇 장을 넘겨도 같은 문장만 되풀이되던
긴 꿈이었다

푸른 성자聖者들

한여름 뜨거운 밭고랑에
곧게 가부좌하고 앉아
수행중인 푸른 성자들

태초의 몸짓으로
짐짓
–네 죄를 알렸다
눈 감고 호령이다

세상에 빚진 일 많아
빚 갚을 일 많은 내게
독촉하듯

오롯이 꼿꼿한
씀바귀, 쇠비름, 떼바랭이 앞에서

바람도
묵언수행 중이다

사랑, 혹은 물음표

마음이 지나는 그리움처럼

바람을 흔드는 풍경처럼

몸의 일부가 된 오래된 병처럼

저녁 창을 닦는 어둠처럼

숨결을 걷는 자장가처럼

맑고 갸륵한 이름처럼

옛집

퇴적된 시간이 쌓여 강이 된 것일까
젖은 물소리를 밀고 가는
저 깊은 강

귀기울이면
오래전 흘러간 물소리와
모래를 실어내던 시간들과
반짝거리던 햇살의 소리 들린다

강가의 미루나무는 아직도
수백 갈래의 바람으로 햇살치어들을 키우고 있다

그러고 보면 저 강은
겹겹의 그리움이 퇴적된
살아 있는 거대한 화석이다

물소리를 간직한 모래 무덤 위로
어둠이 촘촘한 그물을 덮는다
파란 바람이 그 소리 따라 흐르며
오래도록 강물소리를 퍼올려 말려 두고 있었다

바람의 귀

아버지는 평생 귓속에
커다란 귓밥을 넣고 살았다
가시덤불 세월을 지나는 동안
할퀸 상흔들이 빚어낸 것일까
음파가 낮은 어머니의 목소리로도
파낼 수 없었던 아버지의 귓밥
세상에 단단하게 막아선 귓밥을 의지해
평생을 걸어온 아버지
말수조차 적었던 아버지가
수도 없이 걸려 넘어졌을 세월 앞에
고단한 발자국을 벗어 놓고
돌아오지 않는 저녁이 되던 날
먹먹한 소리가 귓가에 고였다
유산으로 남겨진 바람소리를 나누고
짧은 저녁을 묻고 오는 길
젖은 초승달이 상수리나무에 앉아
바람의 귀를 닦고 있었다

소나기

전자회사 기숙사에 들어가던 날 터미널 이층 중국집에서 짬뽕 한 그릇을 시켜 놓고 말이 없던 어머니, 고추 열 근을 팔아 쥐여 준 고춧잎 같은 차표는 부적처럼 낯설고 무서웠다 기억이 멀어질수록 감꽃의 시간은 그리움의 군살이 되었고 애쓰지 않아도 같은 꿈을 꾸는 날이 많았다 그러나 아무리 눈을 감아도 아무리 강산이 변해도 무뎌지지 않는 한 가지, 꿈속에라도 다녀가시던 어머니 발짝 소리, 그날도 감꽃 줍는 꿈을 꾼 새벽이었다 어머니 따라 나선 좁은 비탈길, 둥둥 북소리 울리고 콩밭머리로 몰려오던 무서운 구름, 이제 그만 내려 오셔요 어머니, 애타게 불러도 자꾸만 멀어지던 그 모습, 그날은 눈먼 바람이 울고 하늘이 문을 닫는 까마득한 날이었다

담장에 담쟁이

저녁 담장에
불끈 힘줄을 세워 오르는
바람의 갈기 같은 저,

콘크리트 벽에
붉은 혈관 그려 넣고

확 피돌기를 하는
담쟁이넝쿨 같은 저,

우뚝

아버지는 성지기
성 밖까지 뻗은 은행나무에 올라
날마다 별을 심었지

덕분에 어린 자식들 별배를 채웠지
밤마다 별똥을 누었지

아버지 소원은
어린것들 우뚝 자라 푸른 궁전이 되는 것
반짝이는 별이 되는 것

한평생 별을 심느라
손에 못이 박힌 아버지

은행나무 아래 별똥별처럼 심어 놓고
올려다본 유월의 밤하늘엔
샛노란 별빛 가득했지

3부

오후 4시의 길

무얼 하기엔 좀 늦고
그냥 말기엔 아쉬워

집으로 가는 길을 두고
숲길로 접어들었다

전나무 사이 빼곡한 햇살이
휘어진 산길을 비추었다

하얗게 빛나는 그 길에서
나는 걸음을 멈추었다

길을 가다 걸음을 멈추는 것은
다른 길을 만나거나
그 길의 거리 때문이어서

나는 항상
길의 끝점을 생각하거나
돌아갈 거리를 걱정했다

하지만 길은 이미 알고 있었다

>

지나가거나
되돌아가거나
멈추거나

시작된 곳에서
다시 만난다는 걸

불면

우기가 지나고도
흐린 날이 잦았다

며칠 전부터
자꾸 볼이 씹힌다

염치없이 불거진 볼살을 물고
유리창의 어둠을 닦는다

입안을 맴돌다
넘어간 말들이
역류하며 되돌아온다

시린 속을 달래며
설핏 잠이 들었는데

꽃 같기도 하고 물집 같기도 한 당신이
환하게 피어났다

나는 속없이 그게 그리도 좋아서
뜬눈으로 바라보고 있었다

먼 천둥소리

벽을 만나면
소리는 깊고 어두웠다
무거운 밥그릇과
선명한 상처가
숨죽여 그 소리를 들었다
벽은 소리를 막아 내는 대신
바람을 가득 채워 넣었다
벽에 기댄 몸에서
텅, 텅 울리는 바람의 파장
어떤 때는
컥컥 소리를 토해 내기도 하던
벽을 두드리면
얇아지던 숨소리
어둠보다 더 어둡던 소리,
기억의 부표를 들어올리면
건져지는 소리의 파문들
굽은 저녁이
누군가를 부르는 소리,
비 지나고 햇빛이 가 닿을
그곳에 귀를 대면
아직도 들리는 먼 천둥소리

나무의 연대기

내 풍경은 바람을 닮아 있다
한사코 벗어나려 했지만
내 얼굴은 언제나 바람의 얼굴에 겹쳐 있다
바람의 말을 하고 바람의 소리를 듣는다
내 노래가 손짓이 둥글어지는 몸이,
잎맥의 무늬가 바람을 그렸다
어떤 날은 바람의 자장가를 듣는다
마당을 서성이는 긴 그림자가
그의 기도를 읽는 저녁
더없이 가벼워진 몸으로
가만가만 기도문을 들려주는 빈 둥지 같은,
이제야 알게 되었다
내 모든 풍경이 바람의 기도였다는 것을

순간

저녁 해가 막 넘어가던 그때
어둠을 덮은 집들이 흐려질 때
꽃도 나무도 서로 얼핏 닮아 보일 때
그러다 산도 강도 다 그만한 빛으로 보일 때
들끓는 혈기도 잔잔한 주름도 어둠에 가려져
더 이상 세월의 가늠이 아닐 때
그래서 마냥 마음 느긋해질 때
당신과 내가 우연인 듯 만났을 때
문득 올려다본 하늘에서 혜성이 지나갈 때
순간, 우리는 사랑을 믿기 시작했다

꿈꾸는 별똥별

지난밤,
남극 어디쯤에선가
별똥별 하나가
지구의 한끝을 흔들었다는데
일자리를 찾아
정보지를 뒤적이는
가장의 손끝 자꾸만 흐려지는데
비스듬한 방문 너머로
대문 닫히는 소리
어색한 인사를 두고
아이들마저 나가 버린
일요일 아침
가만히 가랑비는 내리는데
내일을 기약하며 달려온
가슴 검은 별똥별
홀로 빈집에 떨어져
중독된 꿈을 좇고 있네

어떤 날

별을 읽고 나서야
몸이 나를 일으켜 세웠다

마음에 스며든 마음
밤하늘의 가장자리에 가 닿으면
두둘두둘 별이 돋았다

미열이 몸을 다녀가기도 하는 날은
어린 마음에 기대어 잠이 들었다

아플 수 있는 세상
가만가만 별빛 비춰주기도 하면서

이미 그대

저녁 햇살이
어둠을 어루만져요
나는 주머니에 손을 넣고
남은 하루를 서성거려요
안 올 리 없는 그대가
저녁밥을 짓는 동안
수많은 하루를 생각해요
얼핏 찬밥 같은 어제가
꾸욱 목젖을 누르고 있는데요
누가 내 등을 도닥이네요
그대가 아닐 리 없잖아요
울음이 반짝여요
그댄 이미 알고 있었던 거죠
모든 날이 그대라는 걸

저녁 산책

산책을 마치고 돌아온 애인은
노을에 물들어 있었다

나는 무슨 말이라도 하려다 그만두고
방 안의 온도를 높였다

눈길이 닿는 곳마다
노을이 번지고

내색하진 않았지만
애인이 벗어 놓은 노을을 덮고
깜빡 잠이 들거나
잠에서 깨어
이러저러 이야기 나누는 생각을 했다

노을을 들어올리며
"여기, 여기에 두면 되지?" 하고 명랑하게 묻는
소리가 좋아서
그 말을 따라하며 저녁식탁이 물들고 있었다

말씀의 뿌리

콩밭 한가운데
가을 하늘을 펼쳐 놓고 콩을 턴다

순지르는 일도 거르고
마음만 바빴던 지난여름

잎이 너무 성하면 열매가 허하다는
아버지 말씀 주렁지다

내 설은 문장을 지켜보다
뿌리까지 내려가 방점을 찍은 아버지

빈 콩대를 걷으며
뿌리에 새겨진 말씀 받아 적는다

따뜻한 그림자

해질 무렵 누군가 그림자를 업고 온다

먼 길 돌아온 이의
지친 어깨를 감싸주듯

그림자를 업고
낮은 소리로 어르고 있다

슬픔이 슬픔을 안아주고
울음이 울음을 달래주듯

사랑한다는 것은
따뜻한 그림자 하나 업어주는 일이라고
가만가만 달래며 온다

풀씨

풀밭 저만치 갔다가
저물어 돌아오니
발목에 붙어 있는 풀씨 하나

왜냐고 묻기도 전에
손을 내민다

내가 지나온 길
어디쯤에서 만난 건지

내 노래 어느 대목에서
울음을 본 건지

지친 발 보듬고
눈시울 적신다

굽은 길목에서
글썽이던 눈물 같은
작은 풀씨 하나

단풍놀이

양볼에 붉은 단풍잎을 붙인 채
만취한 저녁달을 업고 온 아버지
이슥토록 부르튼 바람소리로
글렀어, 다 글렀어!
밤새 누군가와 싸우는 소리

그날은
자식 자랑하는 동창 녀석과
퍼 마신 술이 문제였다
마늘 판 돈 홧김에 투전판에서 다 날리고
막판에 얻어먹은 막걸리 한 사발이
끝내 화끈거리던 속에 불을 붙였던 것이다
한바탕 소란이 붉은 뒤,
떠밀려 밖으로 나와 보니 이미 한밤중
그제야 들이대는 생각에 아차!
다리에 맥이 탁 풀렸다

그날은
새벽별이 곤두박질치는 빈 마늘밭으로
마른 단풍잎이 독촉장처럼 쌓이던
아뜩한 기억의 매복지

이명耳鳴

집 없는 달팽이가
더듬더듬 찾아간 길섶에
하마터면 놓칠 뻔한 풀벌레 울음소리

바람 소리를 간직한 생의 마디마다
굵은 목의 기차가 지나가고

밤새 고단한 피대를 돌리는
아버지는 방앗간 일꾼이었다

4부

겨울 산방에서

산방의 겨울은 대낮에도 적막했다

그곳에서
한철을 보내는 동안

자주 눈이 붓고
신열이 계속되었다

이마를 짚어주던 사람은
눈을 뜨면 보이지 않고

작은 창으로 들어온 달빛은
도라지꽃처럼 하얬다

산방의 밤은
불을 지펴도 눅눅하고

안개가 다녀간 아침은
유난히 빛났다

기침과 안개의 행간에서
눈이 부시던 그 겨울

>

흰 눈은
슬픔의 평면도를 잘도 그려내고 있었다

푸른 감옥

오래전 너의 별을 본 적이 있다 푸른빛을 간직한,
살짝만 건드려도 눈물이 날 것 같은

별은 아득히 멀고 침묵하고
아무리 불러도 늘 그 자리

어떤 단단한 믿음으로 저 별에 닿을 수 있을까

너는 사랑 때문에 울기도 하였으리라
꽃이 지고 계절이 가고 기차가 떠나가는 동안
별은 멀어서 푸르고 너는 다시 홀로 외로워,
외로운 너를 돌려보낼 수 있다면,

단 한 번의 폭발로 단숨에 가 닿을 수 있는
저 푸른 감옥

내기 걸다

— calla*에게

푸르던 잎
흰서리에
본전 다 털리고

창밖 떨리던 손짓마저
차갑게 얼어
텅 빈 계절

깊고 아득한 세상에
내기를 건다

먼 꽃에게
한 생을 건다

그것이
백전백패 도박일지라도

* calla(칼라) : 남아프리카가 원산지인 천남성과의 식물. 부케에 가장 많이 사용되며 조의용 관 장식에도 사용되는 꽃이다.

대설주의보

그날은
모든 풍경이 서쪽으로 향하고
하늘이 무겁던 날
겨울 바다에 대한 이야기를 하는
당신의 얼굴 차츰 상기되던 날
새들이 오는 시간에 맞춰 눈 내리고
흰 눈에 찍힌 당신의 발자국 따라 밟던 날
까만 하늘에서 별자리를 찾던 날
먼 곳의 별들이 서로를 비추던 날
누구나 뜨여오는 섬 하나 있는 거라고
당신이 눈발처럼 말하던 날
곤두박질치는 눈발에 가려
당신의 그림자 흐려지던 날

지난밤 우리는

지난밤 우리는
머나먼 설산으로 떠났다
그러니까,
히말라야로 떠나던 그날처럼
꿈속에서 다시 만난 우리는
끝내 다시 죽고야 말 우리는
눈길을 걸으며
눈길을 걸으며
그러니까,
꿈일 리 없는 우리가
이미 죽기도 하였던 당신과 내가
머나먼 설산으로 떠나던 그날처럼
지난밤 꿈속에서 다시 만났던 것이다

서산행

오래전 출발한 막차를 기다린다

막차를 기다리는 동안
나는 당신이
내 어머니의 별에서 왔을 거라고 생각했다

빗방울의 말들이
유리창에 부딪칠 때마다
당신의 작고 흰 손이 가늘게 떨렸다

당신의 소식이 흐려진 후
잘못 읽거나 고쳐 쓰는 일이 잦았고

몇 번쯤
막차를 기다리는 꿈을 꾸기도 하였다

그때마다
바다 위에도 길이 생기고
연음으로 이어지던 당신의 목소리가
해조음처럼 들려오기도 했었다

붉은 길

여기,
벼랑 위 좁다란 길

오래전
이 길을 지나간 당신

숱한 이야기와
수많은 발자국들 모여

끝끝내 그 어딘가에 닿으려는
붉고 아픈 길

물 위의 집

물 위에 집을 짓는다

방안의 불빛, 아늑하다
그러나 아늑하다,란 말은 의심해야 한다

한잠 속으로 들어가
천년의 꿈을 꾼다

반짝이는 비늘
가만히 쓰다듬어 본다

아직은 따듯하다

바람에게 담을 묻다

어둑해진 마을 안길로 접어들면
밥 익는 냄새가 아늑하게 피어올랐다

시간은 더디게 흐르고
언제부턴가
마을엔 어깨가 허물어진 빈집이 늘었다

몸이 기울어진 향나무가
내 귀향을 엿보는 날이면
새벽바람이 겨울 창을 흔들고
허기진 청춘이 골목을 지나갔다

신기하게도
그리움이 지나간 자리엔
흉터가 생겨나고

상처가 덧나지 않게 하려면
그리움의 자세를 바꾸거나
상처를 대하는 방식을 터득해야 한다고
누군가 말했다

그러나

그리움의 자세는 한결같아서
나는 늘 한곳을 바라보았다

그때마다
큰길을 향한 눈길은 자꾸 넘어지고
담은 왜 너머를 고집하는지
바람에게 물어보곤 하였다

그런 생각

언젠가
바람의 저녁이 오면
짧은 작별을 쓰려고 해

먼 훗날
꽃으로 읽을 수 있도록
바람으로 들을 수 있도록
남은 안녕은 두고 가려 해

날마다 강물에 눈을 닦고
미루나무 잎으로 귀를 씻으며
아침 햇살로 기도하려 해

몇 번일까
눈 내리고 그치면

봄꽃으로 올 거야
빛나는 날로 올 거야

그렇게 한 철 다시 살아 볼 거야

12월

허술한 한 줄 이력과
깊고 창창한 꿈과
아직도 설익은 내가

얄따란 달력에 얼굴 붉어져
서걱거리는 가슴 달랜다

연하장에 적힌 희망의 글귀가
되살아나는 꿈을 꾸다가

폭설이 오리란 일기예보에
서둘러 돌아서는
눈발 날리는 길목

겨울, 연포

겨울인데도 눈이 오지 않는 날이 길었다

당신은 오지 않는 눈을 맞으러
바다로 가고

나는 당신의 주소를 떠올리며
몇 번이나 흰 눈의 이력을 썼다가 지웠다

겨울의 본적을 가진 당신,
숨기고 사는 것도 쉬운 일은 아니어서
일부러 들켜 버렸으면 한 적도 있었다

소식을 보낸 적 없지만
날마다 당신의 주소를 받아적었다

겨울이 길어질수록
낯선, 당신의 얼굴이 자주 떠올랐다

해설

푸른 별빛을 향한 눈부신 꿈

이형권 문학평론가 · 충남대 교수

푸른 별빛을 향한 눈부신 꿈

이형권 문학평론가 · 충남대 교수

> 숱한 이야기와/ 수많은 발자국들 모여// 끝끝내 그 어딘가에 닿으려는/ 붉고 아픈 길 — 김가연의 「붉은 길」에서

1.

푸른 별빛을 보고 싶은 사람들은 『푸른 별에서의 하루』를 열고 안으로 들어가야 한다. 멀고 험한 길, 바람 부는 길에서 방황을 하던 사람들도 이 시집에 깃들어 한나절쯤 푸른 별빛을 바라보면 좋을 듯하다. 이 시집 안에 무수히 반짝이는 푸른 별빛들은 한 시인이 길 위에서 서성이다가 발견한 눈부신 꿈의 흔적이기 때문이다. 이 꿈의 세계에 발을 들여놓는 사람들은 일찍이 경험하지 못했던 행복한 시심을 느낄 수 있을 것이다. 시인이 전해준 행복한 시심과 조우하는 순간, "별이 빛나는 창공을 보고 갈 수가 있고 또 가야만 하는 길의 지도를 읽을 수 있던 시대는 얼마나 행복했던가?"라는 루카치의 문장을 떠올려도 좋으리라. 하늘의 푸른 별빛은 시인의 영혼 속에 타오르는 불빛과 본질적으로 다르

지 않기 때문이다. 푸른 별빛은 하늘과 지상, 외부 세계와 내면세계, 현실과 이상, 나와 타자를 연결시켜주는 매개자인 것이다.

김가연의 시는 길 위에서 부르는 사랑 노래이다. 사랑을 위해 "끝끝내 그 어딘가에 닿으려는/ 붉고 아픈 길"(「붉은 길」 부분)을 걸어가는 방랑자의 노래이다. 그 노래는 신을 향한 사랑보다는 인간을 향한 사랑을 그 주된 내용으로 삼는다. 물론 신을 향한 사랑으로 읽어도 잘못이라고 할 수는 없으나, 에로스로 읽는 것이 서정적인 울림을 더해 준다. 이 시집의 첫머리에 등장하는 "당신이 놓은 길에서/ 별을 읽거나/ 바람을 베껴 쓰는 동안// 가끔씩 눈부신 꿈을 꾸기도 했다"(「시인의 말」 부분)는 고백은 그런 사랑을 암시한다. "당신"은 시인에게 "별"같이 영롱한 사랑과 "바람"같은 시련을 일깨워 주고 떠나간 존재이다. 그러나 "당신"은 '부재하는 존재'라고 명명할 수 있을 터, 현상적으로는 부재하지만 마음속에는 존재하는 대상이다. 시인이 "가끔씩 눈부신 꿈을 꾸기도 했다"는 것은 "당신"이 마음속에 존재하기 때문이다. "당신"을 마음속에서 혹은 영혼 속에서 만나는 순간에 아름다운 사랑의 "꿈"을 꾸는 것이다.

이 시집에 등장하는 사랑 노래의 테마는 에로스가 지배적이지만, 그렇다고 모든 시편들이 그렇게 읽히는 것은 아니다. 때로는 자연에 대한 사랑이나 부모님을 향한 사랑, 자기애적인 사랑, 혹은 시에 대한 사랑 등도 빈도 높게 등장한다. 특히 우주적 자연에 대한 인식은 각별한 주목을 할만하다. 뿐만 아니라 에로스를 지향하는 시편일지라도 그것은 이성애를 넘어선 어떤 궁극의 가치나 이데아를 노래하는 것으로 읽어도 무방하다. 하나의 시집 속에 이처럼 다양한 사랑의 레파토리가 등장하는 것은 흥미로운 사례이다. 첫 페이지의 빗장을 열고 시집을 들여다보면 서정적인, 너무도 서정적인 사랑의 풍경이 펼쳐진다. 이 언어의 집에는 진실한 사랑과 우주적 자연을 찾아가는 나그네의 머나먼 길이 이어지고, 그 길을 안내해 주는 반짝이는 별빛과 생의 감각을 일깨워주는 바람이 불기도 한다. 이제 시의 집 혹은 사랑과 우주의 집으로 들어가 그 풍경을 찬찬히 살펴보기로 한다.

2.

인간은 사랑의 동물이다. 인간은 사랑으로 태어나 사랑 속에서 살아가 사랑으로 죽는다. 인간이 완전하고 진실한 사랑을 부단히 추구하는 것은 영혼의 결핍감에 시달리기 때문이다. 결핍감은 불완전한 존재인 모든 인간의 공통적인 속성이기도 하거니와 사람에 따라서 그 감각의 차이가 크다. 시인은 자신의 삶에 드리워진 결핍감을 그 누구보다도 민감하게 받아들이는 사람이다. 그는 일반 사람들과는 다른 감각과 사유의 능력을 지녔기 때문에 사랑에 대한 열망도 남다르다. 사랑은 외로운 영혼을 가진 자아가 타자와의 공감을 통해 살아가고자 하는 소망의 일종이기 때문이다. 어쨌든 시인의 사랑은 결핍으로 얼룩진 자아를 성찰하는 데서 출발한다.

내 풍경은 바람을 닮아 있다

한사코 벗어나려 했지만
내 얼굴은 언제나 바람의 얼굴에 겹쳐 있다
바람의 말을 하고 바람의 소리를 듣는다
내 노래가 손짓이 둥글어지는 몸이,
잎맥의 무늬가 바람을 그렸다
어떤 날은 바람의 자장가를 듣는다
마당을 서성이는 긴 그림자가
그의 기도를 읽는 저녁
더없이 가벼워진 몸으로
가만가만 기도문을 들려주는 빈 둥지 같은,
이제야 알게 되었다
내 모든 풍경이 바람의 기도였다는 것을

—「나무의 연대기」 전문

이 시의 중심 시어인 "바람"은 시인이 그동안 살아온 내력을 함축하고 있다. 한 그루의 "나무"가 존재하기까지 수많은 바람을 맞아야 하듯이, 한 사람이 인생을 살아내기 위해서는 수많은 각성과 시련을 거쳐야 한다. 인생에 드리운 바람의 운명은 "한사코 벗어나려" 해도 벗어날 수 없는 것이다. 그래서 시인은 "내 얼굴은 언제나 바람의 얼굴에 겹쳐 있다"고 고백을 한다. 이 고백은 "말"과 "노래"와 "손짓"과 "몸", 즉 정신과 육체가 모두 "바람"과 함께 해왔다는 것을 함의한다. 삶의 시련이든 존재의 각성이든 "바람"과 함께 오랜 세월을 살다보니 때로는 "바람"이 너무도 익숙하여 "자장가"의 구실을 하기도 했다고 한다. 한 그루 "나무"가 언제나 "바람" 속에서 존재하듯이 시인이 평생 "바람"의 시련과 각성, 그리고 그것을 벗어나고자 하는 "기도"로 살아온 것이다.

시인의 삶에서 '바람'은 무엇인가? 그것은 일차적으로 유년기의 어려운 가정사나 청춘의 방황과 관련되지만, 궁극적으로는 비루한 현실 너머의 이상을 추구하는 과정에서 겪는 시련과 그 과정에서 얻는 삶에 대한 각성을 의미한다. 중요한 것은 이러한 '바람'이 시인으로 하여금 시를 쓰게 했다는 사실이다. 가령 "밤새 고단한 피대를 돌리는/ 아버지는 방앗간 일꾼이었다"(「이명耳鳴」 부분)는 유년의 애잔한 기억, "전자회사 기숙사에 들어가던 날 터미널 이층 중국집에서 짬뽕 한 그릇 시켜놓고 말이 없던 어머니, 고추 열 근 팔아 쥐여 준 고춧잎 같은 차표는 부적처럼 낯설고 무서웠다"(「소나기」 부분)는 젊은 시절의 세상에 대한 낯섦과 공포는 시 쓰기의 원동력이 되었다. 시인은 "내 설은 문장을 지켜보다/ 뿌리까지 내려가 방점을 찍은 아버지// 빈 콩대를 걷으며/ 뿌리에 새겨진 말씀 받아 적는"(「말씀의 뿌리」 부분) 시를 써온 것이다. 덧붙여 "제비가 오지 않는 봄"(「갱년기」 부분)과 같이 젊음이 사라진 중년기의 허탈감, "흰 눈은 슬픔의 평면도를 잘도 그려내고 있었다"(「겨울 산방에서」 부분)에서와 같은 실존적 슬픔, "일자리를 찾아/ 정보지를 뒤적이는/ 가장의 손끝"(「꿈꾸는 별똥별」 부분)을 바라보는 타인에 대한 연민 등도 시심의 뿌리 역할을 한다.

'바람의 연대기'를 사는 사람이 빠지기 쉬운 함정은 스스로의 삶을 절망 속에 빠뜨리는 것이다. 이러한 삶의 태도는 평범한 보통 사람들이 자주 취하는, 아니 취할 수밖에 없는 삶의 방식이다. 그러나 위대한 영혼을 가진 시인은 '바람'을 오히려 이상 세계를 추구하는 계기로 삼는다. 아무리 힘겹고 고통스러운 시련이 다가와도 시인은 역설의 시심을 통해 그것을 극복해 나간다. 이 시집에서 그러한 시심을 빈도 높게 드러내 주는 표상이 "별(빛)"인데, 김가연 시인의 시적 여정은 그러한 세계에 대한 열망과 관계 깊다.

별을 읽고 나서야
봄이 나를 일으켜 세웠나

마음에 스며든 마음
밤하늘의 가장자리에 가 닿으면
두둘두둘 별이 돋았다

미열이 몸을 다녀가기도 하는 날은
어린 마음에 기대어 잠이 들었다

아플 수 있는 세상
가만가만 별빛 비춰주기도 하면서
—「어떤 날」 전문

이 시에서 "별"은 시인이 상상한 희망과 이상의 세계이다. "별"은 절망 속에 쓰러져 있는 "나를 일으켜 세웠다"는 소중한 존재이다. "마음"이 "밤하늘의 가장자리에 가 닿으면/ 두둘두둘 별이 돋았다"는 것이다. 이처럼 시인이 "별"을 지향하는 것은 "미열이 몸을 다녀가기도 하는 날"이 적지 않기 때문이다. 이때의 "별"은 물론 물리적인 것이라기

보다는 마음속에 돋아난 어떤 희망일 것이다. 그런데 “나” 자신이 고통과 절망 속에 빠져 있을 때 희망을 잃지 않으려는 “마음”이 곧 “별”이라 할 수 있다. 그런데 시인이 추구하는 “별”이 개인의 구원만을 위한 것이 아니다. 마지막 연에서 “아플 수 있는 세상/ 가만가만 별빛 비춰주기도 하면서” 라는 표현은, 시인이 “별(빛)”을 추구하는 마음이 아름답고 희망 어린 “세상”에 대한 희구와 관련된다는 사실을 알려준다. 즉 “별(빛)”의 추구한다는 것은 “나” 혼자만이 아니라 “세상”도 함께 해야 의미가 있다는 사실을 깨닫고 있는 것이다. “세상”이 온갖 암흑천지인데 “나”만이 “별(빛)”을 간직하는 일은 무의미하다는 사실을 생각한 것이다. “나”는 지혜로운 시심의 소유자이다.

그렇다면 시인이 애써 추구하는 “별(빛)”의 함의는 무엇인가? 그것은 단순히 희망이나 이상 세계라고 보아도 무방하지만, 더 구체적으로는 그런 희망을 가능케 하는 것으로서의 사랑을 지시한다. “별(빛)”은 이 시집에 가장 빈도 높게 등장하는 시어인데, 대부분의 시편들에서 그것은 사랑의 표상으로 제시된다. 이를테면 “염소가 지나간 하늘로/ 꽃이 들어간다// 한나절/ 잔디밭에 앉아 놀다가// 꽃처럼/ 당신은 잠들고// 당신의 잠 속에/ 햇살이 들고// 돌아와서도/ 여전히 환해서// 발목이 희고/ 눈매가 여린/ 그 모습 떠올리면// 속새 꽃 같은/ 별들이/ 한없이 밝았다”(「별을 읽다」 전문)는 시에 그런 사실이 단적으로 드러난다. 사랑의 대상인 “당신”과 “별”은 동일시의 대상이다. 시인은 “별(빛)”을 보는 순간 사랑을 믿기 시작한다.

저녁 해가 막 넘어가던 그때
어둠을 덮은 집들이 흐려질 때
꽃도 나무도 서로 얼핏 닮아 보일 때
그러다 산도 강도 다 그만한 빛으로 보일 때
들끓는 혈기도 잔잔한 주름도 어둠에 가려져
더 이상 세월의 가늠이 아닐 때
그래서 마냥 마음 느긋해질 때
당신과 내가 우연인 듯 만났을 때
문득 올려다본 하늘에서 혜성이 지나갈 때
순간, 우리는 사랑을 믿기 시작했다
—「순간」 전문

이 시에서 "저녁 해가 막 넘어가던 그때"는 사랑에 대한 사유와 감각이 시작되는 시간이다. 이때는 소란스러운 낮이 기울어 안온한 밤으로 넘어가기 때문에 사랑하는 사람과의 평화로운 시간이 확보되는 때이다. 모든 것들의 경계가 사라져 일체감을 감각하는 순간, 즉 "집들"이나 "꽃도 나무도" "산도 강도 다 그만한 빛으로 보일 때"이기 때문이다. 그런 때는 "별(빛)"의 시간이자 사랑의 시간이다. 그 시간은 "마음 느긋해질 때"이자 "당신과 내가 우연인 듯 만났을 때"인 것이다. 마침 "하늘에서 혜성이 지나갈 때/ 순간, 우리는 사랑을 믿기 시작했다"는 고백은 "별(빛)"이 곧 "사랑"의 다른 이름이라는 사실을 알려준다. 이 "순간"은 진정한 사랑의 현현顯現, 즉 에피파니epiphany를 체험하는 빛나는 순간이다.

사랑에 대한 믿음, 그것은 사랑에 대한 열망을 갖게 한다. 인간은 사랑으로 태어났기 때문에 본능적으로 사랑을 희구하면서 살아간다. 사랑을 희구하는 순간부터 사람은 사랑의 서사에 동참하는 존재가 된다. 사랑의 열망은 사랑의 출발점이자 그 씨앗이라고 할 수 있다.

너의 숲에 나를 그려 다오, 라고 쓰려다
나의 한 잎이 되어 다오, 라고 고쳐 쓴다

실핏줄 같은 잎맥이 그려진
느티나무 연한 잎을 함께 넣어 보낸다

흐려지는 맥박이
푸른 한 잎이 되게 해 달라고

흘러, 흘러넘쳐서
푸른 불길이 되게 해달라고

아직 무른 말들을 네게 보낸다
—「봄 나무가 여름 숲에게」 전문

이 시에서 "너"와 "나"는 사랑의 주인공들인데, 이들 가운데 "나"는 사랑의 주체가 되고자 한다. "너의 숲에 나를 그려 다오"라는 바람은 "나"는 수동적인 객체에 불과한 존재로 머물지만, "너"를 향해 "나의 한 잎이 되어 다오"라고 요구할 때 "나"는 사랑의 능동적 주체가 되는 것이다. 그런데 사랑이 그 초창기에는 아직 무르익지 않아서 "봄 나무"

의 "연한 잎"처럼 소소한 것이지만, 시간이 지날수록 "여름 숲"의 "푸른 한 잎"처럼 뚜렷한 삶의 내력으로 자리 잡기를 소망한다. 다시 말해 아직 여물지 않은 사랑이 "흘러, 흘러 넘쳐서/ 푸른 불길이 되게 해 달라고" 열망하는 것이다. 이것은 마치 아직 여물지 않은 "무른 말들을 네게 보낸다"는 표현과 일맥상통한다. 이때 "무른 말들"은 아직 성숙하지 않은 사랑의 마음을 표상하는 것일 터, "나"는 "너"에게 더 단단하고 여문 사랑의 "말들"을 나누고 싶은 마음을 전하는 것이다. 결국 이 시는 "봄 나무가" "여름 숲"과 같이 풍요롭고 성숙한 사랑을 얻고 싶은 마음을 표현한 것이다. 그런데 진정한 사랑은 일방적인 요구가 아니라 타자에 대한 배려의 마음이 있어서 더욱 빛을 발한다. 다른 시의 표현을 빌리면 "나"는 "푸른빛을 간직한/ 살짝만 건드려도 눈물이 날 것 같은" "너의 별"(「푸른 감옥」 부분)에 대한 배려의 마음이 있기에 "나"의 사랑은 더욱 빛난다.

사랑의 열망은 사랑의 부재에 대한 인식으로 더욱 절실해진다. 이 부재에 대한 인식은 그리움이나 외로움의 정서와 결합하면서 사랑을 단순한 소망이 아니라 반드시 성취해야 하는 어떤 필연적인 대상으로 여기게 한다.

빈집은 안개의 아버지

바랜 문을 열고
가뭇한 손을 잡는다

길 잃지 말라고

페이지마다 안녕을 넣어 둔 당신

해마다 봄이면
복숭아꽃 만발한 풍경을
마당에 걸어 두기도 하고

어둔 밤길에
달빛 뿌려 놓기도 했으니

잃었던 길을
자꾸 잃어버리는 나는

절벽까지 가서
당신을 불러오기도 하고

우주의 종소리 같은
살구꽃을 문 밖에 그려 넣기도 하였다

—「안개의 계절」 전문

이 시에서 "빈집"은 사랑이 부재하는 공간이고, "안개"는 사랑의 전망이 불투명한 상황을 가리킨다. 그러나 "빈집"의 주인공인 "나"에게는 부재하는 사랑이든, 불투명한 사랑이든 중요하지 않다. 중요한 것은 어떠한 상황이든 "당신"을 향한 열망과 믿음이 변하지 않는다는 점이다. "나"는 언젠가 돌아올 "당신"을 위해 "해마다 봄이면/ 복숭아꽃 만발한 풍경을/ 마당에 걸어두"거나 "어둔 밤길에/ 달빛 뿌려 놓기도 했"던 것이다. 나아가 더 "당신"을 만나기 위해 더 적극적인 행동을 하기도 한다. "안개" 때문에 "잃었던 길을 / 자꾸 잃어버리"면서도 "절벽까지 가서/ 당신을 불러오기도 하"는 것이다. 이 부름은 "당신"을 향한 열망의 표현이다. "우주의 종소리 같은/ 살구꽃을 문 밖에 그려 넣"는 일도 마찬가지다. "당신"이 "살구꽃"을 "우주의 종소리"같이 크나큰 사랑의 소리로 듣고 "나"를 찾아오라고 생각하는 소망하는 것이다.

사랑에 대한 열망은 꿈의 형식을 빌려서 드러나기도 한다. 꿈은 프로이트가 말한 대로 억압된 욕망의 표현일 터, 시인은 꿈을 통해 사랑의 부재를 극복하고자 한다.

오래전 출발한 막차를 기다린다

막차를 기다리는 동안
나는 당신이
내 어머니의 별에서 왔을 거라고 생각했다

빗방울의 말들이
유리창에 부딪칠 때마다
당신의 작고 흰 손이 가늘게 떨렸다

당신의 소식이 흐려진 후
잘못 읽거나 고쳐 쓰는 일이 잦았고

몇 번쯤

막차를 기다리는 꿈을 꾸기도 하였다

그때마다
바다 위에도 길이 생기고
연음으로 이어지던 당신의 목소리가
해조음처럼 들려오기도 했었다
—「서산행」 전문

이 시에서 "오래전에 출발한 막차를 기다린다"는 고백은 사랑의 부재가 오래 되었음을 의미한다. 간절히 기다리는 사랑을 싣고 올 "막차"를 기다리는 일은 간절하여 "당신이/ 내 어머니의 별에서 왔을 거"라는 생각, 즉 "당신"은 "나"의 근원적인 존재 의미라는 생각에 이르게 한다. "나"는 "당신의 소식이 흐려진 후" 불안감으로 세상을 "잘못 읽거나 고쳐 쓰는 일이 잦았"다고 한다. "당신"의 부재는 "나"에게 그만큼 절박한 상실감을 가져다주기에, "나"는 "몇 번쯤/ 막차를 기다리는 꿈을 꾸기도" 하는 것이다. 이 절박한 만남을 열망하는 순간마다, "바다 위에 길이 생기"면서 곁에 와 있는 것처럼 "당신의 목소리가/ 해조음처럼 들려오기도 했었"던 것이다. 물론 이것은 일종의 환각이라고 할 수 있을 것인데, 그만큼 "당신"을 향한 "나"의 열망이 크다는 것을 의미한다.

"당신"을 향한 열망은 또한 불면의 밤을 몰고 오기도 한다. 즉 시인은 "우기가 지나고도/ 흐린 날이 잦았다//며칠 전부터/ 자꾸 볼이 씹힌다/ 염치없이 불거진 볼살을 물고/ 유리창의 어둠을 닦는다// 입안을 맴돌다/ 넘어간 말들이/

역류하며 되돌아온다// 시린 속을 달래며/ 설핏 잠이 들었는데// 꽃 같기도 하고 물집 같기도 한 당신이/ 환하게 피어났다// 나는 속없이 그게 그리도 좋아서/ 뜬눈으로 바라보고 있었다"(「불면」 전문)고 한다. 이처럼 꿈속에서도 "당신"은 "환하게" 빛났고, "나"는 들뜬 마음으로 "뜬눈으로 바라보고 있었다"고 한다. 사랑의 열망 때문에 "불면"의 시간을 보내다가 찾아온 "설핏 잠"의 꿈속에서나마 "당신"을 만나고 있는 것이다. "나"의 "당신"을 향한 열망은 "엎드려 잠이 들고/ 엎드린 채/ 잠을 깰 때마다/ 부르던 이름이 거기 있었습니다"(「언덕이 거기 있었다」 부분)에서도 드러난다.

문제는 이러한 꿈속의 열망이 단말마적으로 끝날 가능성이 적다는 것이다. 그것은 달리 말하면 사랑의 부재가 금세 해소될 수 없다는 의미와 다르지 않다.

바다로 가는 길은 멀고 아득했네
바람 우두커니 서 있었네
저문 서해 바다 끝에서
나는 그만 길을 잃고 말았네
햇살마저 시드는 봄의 파장罷場
오직 한 사람의 눈맞춤을 위해
한생을 두고 피는 꽃이 있다기에
이생의 마지막 봄을 빌려 오네
그러나 그리움은 내 것만은 아니어서
너의 봄마저 아프게 했네
생애에 한 획을 그으며 떨어지는

저 분분한 꽃잎,
이제 꽃 진 봄을 견뎌야 하네
푸른 잠을 자는 누에처럼
아무래도 긴 꿈을 꾸어야겠네
—「푸른 별에서의 하루」 전문

이 시에서 "바다로 가는 길"은 사랑을 향해 가는 길이다. 그 길이 "멀고 아득했네"라는 것은 사랑을 이루는 일이 지난하다는 사실을 알려준다. 그 "길"에는 시련의 "바람"이 "우두커니 서 있"어서 "나는 길을 잃고 말았네"라고 탄식한다. 사랑하는 사람과의 부재는 봄이 사라지는 "봄의 파장"과 다르지 않은 것이지만, 그럼에도 불구하고 "나"는 유일한 사랑인 "오직 한 사람의 눈맞춤" 혹은 그것을 상징하는 "한생을 두고 피는 꽃"을 찾아나서는 것이다. 그러나 어렵게 찾아간 그 꽃은 "분분한 꽃잎"으로 낙화의 장면만을 연출하고 있다. "나"는 도리 없이 사랑의 부재를 다시 절감하면서 "꽃 진 봄을 견뎌야 하"는 것이다. "푸른 잠을 자는 누에처럼/ 긴 꿈을 꾸"면서 사랑의 부재를 견딜 수밖에 없다.

타자에 대한 믿음과 열망이 가득한 사람은 결국 사랑의 세계에 도달하게 된다. 사랑의 기쁨은 사랑의 열망으로 긴 꿈을 꾸어온 사람에게 주어지는 일이다. 사랑은 그것을 추구하는 사람에게 열려 있는 정신과 영혼의 문이다. 그 문에 들어서는 사람은 사랑의 기쁨과 함께 하기 마련이다. 이 시집에는 그러한 사랑의 기쁨을 노래한 시편들이 여럿 등장한다.

비의
골목이 환하다

빗소리를 따라
꽃이 오고

골목을 향한
작은 창들이 빛났다

창문에 붙은
꽃잎을 닦아내느라
애인의 손길이 바쁘다

머리를 말리다 말고
손톱을 깎았다

똑똑 끊어지는
빗소리

짧아진 애인의 손톱에
으깬 꽃잎을 올려주었다

꽃의 맥박 소리 붉은
거기,
또 한 생이 환했다

— 「비의 골목」 전문

이 시는 사랑하는 “애인”과 함께 하는 시간의 기쁨을 노래하고 있다. “비의 골목이/ 환하다”는 첫 구절은 그 기쁨을 표현한다. “골목을 향한 작은 창들”을 사이에 두고 “애인”과 화자는 서로를 열망하고 있다. “애인”은 “창문” 너머의 화자를 바라보기 위해 “창문에 붙은/ 꽃잎을 닦아내”고 있다. “애인”은 또한 “머리를 말리”고 “손톱을 깎”으면서 화자를 만날 준비에 바쁘다. 화자가 “짧아진 애인의 손톱에/ 으깬 꽃잎을 올려주었다”는 것은 사랑의 성취를 상징하는 행위이다. “애인의 손톱”에 꽃물을 들이는 행위는 “손톱”이 빠지지 않은 한 사랑을 지속하겠다는 서약이나 다름없다. 이 아름다운 순간에 “또 한 생이 환했다”는 것은 사랑의 환희를 노래한 것이다.

이같은 사랑의 기쁨은 잃어버린 많은 것들을 회복하게 해준다. 가령 “제주 밤바다에서/ 서해 바다를 읽으며// 잃어버린 문장을 찾느라/ 겨우내 앓았다// 이별 없이/ 다시 만난 우리는// 절벽 아래/ 돌단풍이 되고// 바다 한 가운데/ 섬이 되고// 푸른 시간의/ 여백이 되었다// 길이 어긋날 때마다/ 손을 잡아주던// 내 본적이요 주소 같은/ 당신의 문장이// 손편지 글귀처럼/ 하얗게 빛나고 있었다”(「오독誤讀」 전문)와 같은 시가 그러한 사실을 알려준다. 이때 “잃어버린 문장”은 사랑의 상실을 의미할 터인데, 그것을 찾기 위해 시인은 “겨우내 앓았다”고 한다. 그런데 “다시 만난 우리”가 서로 사랑의 상태에 놓이게 될 때, “절벽 아래/ 돌단풍”, “바다 한 가운데/ 섬”, “푸른 시간의/ 여백”과 같이, 이별의 위태로움을 극복한 소중하고 여유로운 세계로 나아가게 된다. 사랑과의 만남은 “나”의 모든 것과 다름없는 “당신의 문장"을 "빛나게" 한다. 자연히 "나" 또한 빛나지 않을 수 없다. 이 시간은 "사월의 꽃자리에/ 사과 꽃 눈부시다"(「사과꽃」 부분)라고 표현되기도 한다. 사랑의 시간은 빛나는 시간인 것이다.

다른 시에서도 "잘 잤느냐는 말에/ 달게 잤다고 대답하고 다시 누울 때/ 점심도 거른 채 저녁때가 훨씬 지났을 때/ 언뜻 따듯한 달이 되고 싶을 때/ 멀어지던 길이 눈을 감으면 다시/ 내게로 올 때/ 어디에 둘지 몰라하는 손을 잡아줄 때/ 몇 번이고 너를 부르다가/ 말을 더듬고 목소리 흐려지질 때/ 같이 밥을 먹고 사소한 이야기를 나누고 싶을 때/ 집으로 가는 새들의 들뜬 소리가/ 더욱 또렷하게 들려오는 것이었습니다"(「그날을 베껴 쓰다」 전문)에서처럼 사랑이 "다시/ 내게로 올 때"는 "새들의 들뜬 소리"와 하나가 되기도 한다. 만남과 사랑이 이루어지는 때는 이처럼 들뜨고 행복하다. 그 시간에는 실상 거창하고 대단한 일이 벌어지는 것은 아니다. 그저 "손을 잡아주"고 "너를 부르"고 "같이 밥을 먹고 사소한 이야기를 나누"는 시간인 것이다. 그러나 이 사소한 것이 사랑의 위대함을 견인한다. 이 역설적 맥락은 인간만사가 그러하듯이 작고 구체적인 일들이 모여 크고 관념적인 일이 성취되는 이치와 다르지 않다.

그런데 사랑의 기쁨에 도달해본 사람은 그것이 영원히 지속되기를 염원한다. 진정한 사랑은 일과적인 것이 아니라 시간의 한계를 극복한 것이기 때문이다. 마치 하늘에 빛나는 별(빛)이 그러하듯이 사랑은 인간의 시간 너머에 존재하는 것이다.

저녁 담장에 산개성단이 떴다
수천 광년을 달려온 붉은 성단,

수백만 년의 기다림을 환하게 밝히는 별무리
수백 광년을 서로 비추는 별, 별

오늘밤은 작은 배 한 척으로 은하수를 횡단할 생각이네
바람 불면 흔들리고 폭풍우를 만나면 엎드려 울기도 하겠네
먼지의 몸은 바람에게 던져 주고
슬픔은 정중히 사양하겠네
하얗게 빛나는 갈비뼈 하나
오랜 기다림으로 다시 만나
수백만 년을 태우고도 남을 불꽃으로 오겠네

— 「장미성운」 전문

이 시는 은하계의 큰 별무리인 "산개성단"을 매개로 영원한 사랑을 노래하고 있다. "산개성단"은 은하계에 있는 별의 집단 중 수백 개에서 수천 개의 별들이 지름 수백 광년의 공간에 불규칙하게 모여 있는 것을 일컫는다. 시의 화자가 바라보고 있는 "산개성단"의 별빛들은 인간이 헤아릴 수 없을 만큼 기나긴 시간을 달려와 반짝이고 있는 것이다. 즉 그 별빛들은 이 지구상의 어느 "저녁 담장에" 이르기까지 "수천 광년" 혹은 "수백만 년", "수백 광년"을 달려온 것이다. 시의 화자는 그러한 무한에 가까운 시간 속에서 사랑을 나누고 싶은 심정으로 "오늘밤은 작은 배 한 척으로 은하수를

횡단할 생각"을 하고 있다. "은하수를 횡단하"는 일은 무궁한 우주의 시간 속에서 사랑을 하면서 살아가고 싶은 마음의 표현이다. 사랑의 대상인 "하얗게 빛나는 갈비뼈 하나"를 만나 "수백만 년을 태우고도 남을 불꽃"과 같은 사랑을 소망하는 것이다. 이와 같이 무궁한 시간 속에서의 사랑을 추구하는 마음은 다른 시에서도 나타난다. 즉 "별들이 지나간 하늘에는/ 당신의 눈빛 같은 것이 보이기도 했습니다// 문득 그 끝 어딘가에/ 내 다음 생의 이력이 있지 않을까 생각하다"(「벚꽃 피다」 부분)는 시구는 이승의 삶조차 넘어선 사랑을 희구하고 있다.

3.

이처럼 김가연의 『푸른 별에서의 하루』의 시편들은 사랑의 열망, 만남의 기쁨, 영원의 소망 등으로 이어지는 사랑의 서사를 구성한다. 인간이 진실한 사랑, 영원한 사랑을 소망하는 것은 아주 자연스러운 일이다. 그 사랑이 반드시 현실적인 것이 아니라 상상 속에서 이루어지는 것일지라도 그것은 분명 아름다운 사건이다. 진정한 사랑은 현실과 상상, 몸과 마음, 이승과 저승, 만남과 이별의 경계마저 넘나드는 것이기 때문이다. 시인 혹은 예술가는 이러한 사랑의 의미를 심미적 감각으로 노래하는 존재이다. 일찍이 독일의 작곡가 슈만이 하이네의 시에 곡을 붙인 「시인의 사랑」이라는 가곡집은 체험적 진솔성이 배어있는 아름다운 예술품이다. 절박한 마음으로 클라라를 사랑하는 슈만의 마음이 시의 언어와 음악적 선율의 조화 속에 굴곡지게 표현되어 있다. 그 굴곡은 마치 이 시집에서 전개된 사랑의 서사와 닮았는데, 다르다면 이 시집의 사랑 이야기가 좀 더 상징적 표현을 지향하고 있다는 점이다.

이 시집은 이처럼 사랑의 서정 시편들을 서사적으로 재구하여 읽을 수 있다. 이 점은 이 시집을 읽는 흥미를 더해준다. 그런데 이 시집을 읽을 때 지나쳐서는 안 될 시편들이 있는데, 그것은 바로 자연의 서정을 노래한 것들이다. 이 시집에는 시인이 유년기부터 깃들어 살아온 순정한 자연의 세계가 펼쳐져 있다. 그리고 그 자연은 앞서 살핀 사랑의 노래의 서정적 바탕이 된 것이다. 이 시집의 사랑 노래는 도시적 감각보다는 자연적, 전원적 감각에 기대어 형상화되고 있기 때문이다. 가령 "잎이 너무 성하면 열매가 허하다는/ 아버지 말씀 주렁지다// 내 설은 문장을 지켜보다/ 뿌리까지 내려가 방점을 찍은 아버지// 빈 콩대를 걷으며/ 뿌리에 새겨진 말씀 받아 적는다"(「말씀의 뿌리」 부분)는 시인의 고백은 시사해 주는 바가 크다. "아버지"가 전해 준 전원적 서정의 "말씀"으로 시를 써 왔다는 것이다. 이러한 자연 감각의 원천을 암시해 주는 흥미로운 시 한 편을 살펴본다.

꽃씨 하나,
먼 은하로부터 메시지를 받았다
봄날이 서둘러 꽃대를 밀어 올렸다
지상의 한가운데로 터져나오는
작약꽃 첫울음소리
오월 성단에 꽃이 피었다

붓꽃봉오리마다 별이 반짝이고
냉이꽃에도 찔레꽃에도 은하가 흐른다
발목 적시며 따라온 잣냉이꽃
낮은 무덤가에 그렁그렁 애기나리꽃무리
눈물마저 빛나는 봄이다
—「5월」 전문

이 시는 우주적 자연을 노래한다. "꽃씨 하나"가 한 송이 꽃으로 피어나기 위해서 "먼 은하로부터 메시지를 받았다"고 한다. 그 이후 "꽃대를 밀어 올려" 비로소 "꽃이 피었다"고 한다. 지상에서 꽃이 피는 일은 하늘로부터의 기운을 받아야 이루어지는 일이라는 것이다. 이러한 인식은 지구를 포함한 모든 우주가 전일적 관계에 놓인다는 생태학적 세계관과 관계 깊다. 이 지구상의 작은 생명일지라도 태양의 기운을 받지 않는 것은 없다는 사실을 생각할 때, 그러한 세계관은 자연스럽다. 나아가 태양은 태양계의 일부이고, 태양계는 은하계의 일부이고, 은하계는 우주 전체의 일부이니 서로 영향을 받지 않을 수 없다. 하여 "오월 성단에 꽃이 피었다"고 하면서 "꽃봉오리마다 별이 반짝이고/ 냉이꽃에도 찔레꽃에도 은하가 흐른다"고 노래하는 것이다. 자연인 지상의 꽃과 하늘의 별이 장엄한 우주적 자연을 구성하고 있는 것이다.

김가연 시인이 노래하는 자연물들은 지구 안에서도 상관적으로 존재한다. 예컨대 "키 작은 갯메꽃과/ 물새 발자국이// 슬몃 묵인하듯/ 돌아봅니다// 순간, 서로를 환하게 비춰줍니다"(「바람 아래」 부분)라는 시구는 지상에 존재하는 자연물들이 상관적으로 존재할 때 빛을 발한다는 사실을 강조한다. 뿐만 아니라 자연은 경건한 정신성을 표상하기도 한다. 즉 “한여름 뜨거운 밭고랑에/ 곧게 가부좌하고 앉아/ 수행중인 푸른 성자들”은 “오롯이 꼿꼿한/ 씀바귀, 쇠비름, 떼바랭이 앞에서// 바람도/ 묵언수행 중이다”(「푸른 성자들」 부분)라고 노래한다. “한여름 뜨거운 밭고랑”을 견디면서 자라나는 “씀바귀” 등속의 자연물들을 “푸른 성자들”이라고 명명한다. 그 생명의 신성성을 강조하고 있는 것이다. 이때 자연물들은 그 구체적인 기호성만을 갖지 않고 자연의 생명계 전체를 제유한다고 할 수 있다. 이렇듯 이 시집에 펼쳐진 우주적 대자연의 세계는 우주적 사랑의 상상과 자연스레 조우한다. 그리하여 사랑은 자연스럽고, 자연은 사랑스럽다.

김가연

김가연 시인은 충남 서산에서 태어났다. 대학과 대학원에서 문학을 공부하면서 문학을 나누는 일이 평생의 길이 되리라는 걸 직감했다. 2009년 『열린시학』 신인상으로 등단했고, 시집으로는 『시간의 배후』 등이 있다.
김가연 시인의 두 번째 시집인 『푸른 별에서의 하루』의 시편들은 사랑의 열망, 만남의 기쁨, 영원의 소망 등으로 이어지는 사랑의 서사를 구성한다. 인간이 진실한 사랑, 영원한 사랑을 소망하는 것은 아주 자연스러운 일이다. 그 사랑이 반드시 현실적인 것이 아니라 상상 속에서 이루어지는 것일지라도 그것은 분명 아름다운 사건이다. 진정한 사랑은 현실과 상상, 몸과 마음, 이승과 저승, 만남과 이별의 경계마저 넘나드는 것이기 때문이다.

이메일 : kinok24@hanmail.net

김가연 시집

푸른 별에서의 하루

발　행 2018년 10월 25일
지 은 이 김가연
펴 낸 이 반송림
편집디자인 김지호
펴 낸 곳 도서출판 지혜
계간시전문지 애지
기획위원 반경환 이형권 황정산
주　소 34624 대전광역시 동구 선화로 203-1, 2층 도서출판 지혜 (삼성동)
전　화 042-625-1140
팩　스 042-627-1140
전자우편 ejisarang@hanmail.net
애지카페 cafe.daum.net/ejiliterature

ISBN : 979-11-5728-304-0 03810
값 9,000원

* 본 도서는 충청남도, 충남문화재단의 후원으로 발간되었습니다.